P9-DBW-270

3 1668 07345 4636

Pasión por los motores

LOWRIDERS

DEANNA CASWELL

BLACK
RABBIT
BOOKS

Bolt es una publicación de Black Rabbit Books
P.O. Box 3263, Mankato, Minnesota, 56002.
www.blackrabbitbooks.com
Copyright © 2018 Black Rabbit Books

Jennifer Besel, editora; Grant Gould, diseño interior;
Michael Sellner, diseño de portadas;
Omay Ayres, investigación fotográfica
Traducción de Victory Productions, www.victoryprd.com

Todos los derechos reservados. Prohibida la reproducción, almacenamiento
en base de datos o transmisión por cualquier método o formato electrónico,
mecánico o fotostático, de grabación o de cualquier otro tipo sin el permiso
por escrito de la editorial.

Información del catálogo de publicaciones de la biblioteca del congreso
ISBN 978-1-68072-576-6 (library binding)

Impreso en los Estados Unidos de América. 5/18

Créditos de imágenes

Alamy: Classic Car Collection, 8–9; dpa
picture alliance, 4–5; Matthew Richardson,
28 (superior izquierda); Oleksiy Maksymenko,
11; Roger Bacon / Reuters, 26, 29 (superior);
Associated Press Images: Susan Montoya Bryan, 22, 23
(todas); Dreamstime: Mediagia, 6–7; iStock: entitydesigns,
3; Michael Turner, Portada; kustomrama.com: Kustomrama
- Traditonal Rod & Kustom Wikipedia, 14; LowRider.com:
Edgar Hoill, 20; Hector Leyva, 17, 18–19; Shutterstock:
Castleski, 28 (inferior); Darren Brode, 24–25; fuyu liu,
8–9; Ken Tannenbaum, 29 (inferior); Philip Pilosian, 1,
Contraportada, 12–13, 32; Sharomka, 9 (bomba); Suzanne
Tucker, 28 (superior izquierda), 31
Se ha hecho todo esfuerzo posible para establecer
contacto con los titulares de los derechos de
autor del material reproducido en este libro.
Cualquier omisión será rectificada en
impresiones posteriores previo aviso
a la editorial.

BOLT

Contenido

CAPÍTULO 1

Rodando con estilo

Las personas se detienen en la calle para ver pasar a los *lowriders*. Las bombas hidráulicas crujen. Un potente ritmo sale de los equipos de sonido. Los carros suben, bajan y rebotan. Sus partes de **cromo** brillan con el sol.

¿Qué es un *lowrider*?

Los *lowriders* son carros que han sido
modificados. Pero los cambios no hacen
que estos carros sean más veloces. En vez
de eso, hacen que los carros rueden cerca
del suelo. Las modificaciones también
añaden piezas para hacer que los carros
se balanceen hacia arriba y hacia abajo.

Los *lowriders* generalmente son carros
antiguos. Sus dueños los reconstruyen.
Reparan las abolladuras. Les hacen
trabajos de pintura geniales. Cada carro
es diferente.

En números

1,265

NÚMERO DE CARROS EN EL SUPERSHOW TORRES EMPIRE LOWRIDER 2015

13.6 PIES
(4.1 METROS)
salto más alto de un *lowrider*

UNOS
$1,500
COSTO DE UN JUEGO DE 4 BOMBAS HIDRAULICAS

UNOS $10,000
COSTO DEL TRABAJO DE PINTURA DE UN LOWRIDER

CAPÍTULO 2

La  historia de los *lowriders*

Después de la Segunda Guerra Mundial, los carros se popularizaron en los Estados Unidos. Se puso de moda la construcción de **hot rods**, o autos veloces. Al mismo tiempo, los méxicoamericanos trabajaban en carros que eran bajos y lentos. Los carros estaban hechos para pasear. Los dueños querían que sus carros estuvieran personalizados y que fueran **únicos**.

Para bajar los carros, les colocaban bolsas de arena. El peso empujaba hacia abajo la carrocería.

Trineos de plomo

Los primeros *lowriders* eran llamados "trineos de plomo". Recibieron ese nombre porque eran pesados. Los carros parecían deslizarse sobre el suelo.

Muchos trineos de plomo eran carros Mercury de 1950.

Los primeros *lowriders* usaban el mismo
sistema hidráulico de los aviones.

El primer *lowrider*

En la década de 1950, había **discriminación** contra los méxicoamericanos. Muchas personas pensaban que los *lowriders* eran sinónimo de problemas. En 1958, el gobierno de California declaró ilegales a los carros bajos.

La ley no detuvo al conductor Ron Aguirre. Él instaló un sistema hidráulico en su carro, el X-Sonic. Este sistema le permitía subir y bajar el carro. Así, Aguirre podía conducir su carro a la altura legal.

El X-Sonic fue uno de los primeros carros que usó un sistema de elevación. Muchos consideran que este carro fue el primer *lowrider*.

CAPÍTULO 3

Bajito y suavecito

Hoy en día, todos los *lowriders* usan **suspensión** de aire o hidráulica. La suspensión de aire usa bolsas que se llenan de aire para elevar el carro. El carro baja cuando la bolsa se desinfla.

El sistema de suspensión hidráulica permite que el carro suba y baje con rapidez. Las baterías en el maletero del carro activan el sistema. Este usa líquido para empujar el carro hacia arriba. El conductor usa interruptores para controlar la altura.

CADILLAC

FELIX
Cadillac

213-748-6141
S. FIGUEROA AT JEFFERSON

Cadillac

PARTES DE UN *LOWRIDER*

INTERIOR ELEGANTE

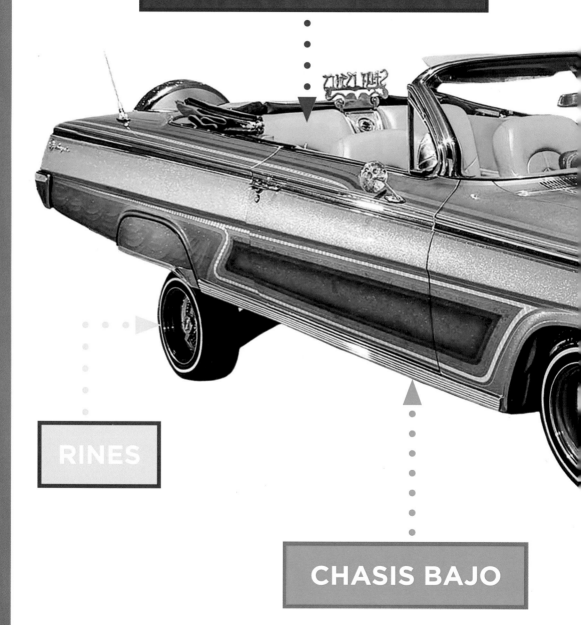

RINES

CHASIS BAJO

TRABAJO DE PINTURA PERSONALIZADO

CROMO

LLANTAS ANGOSTAS

Saltos y bailes

Hoy en día, los *lowriders* no solamente suben y bajan. Los conductores los mueven de muchas maneras divertidas. Algunos compiten en concursos de saltos. También organizan concursos de baile. Los dueños deben realizar una serie de movimientos que pueden incluir saltos al frente y hacia atrás.

Hay un jurado para los concursos de baile. Los jueces observan la velocidad, la altura, el ritmo y el control de los comandos. También observan el desempeño general del carro.

Arte sobre ruedas

Muchos *lowriders* impresionan a la gente aún sin moverse. Generalmente, su trabajo de pintura es suficiente para que las personas se detengan a mirar.

Los *lowriders* son obras de arte. Cada trabajo de pintura es diferente. Los pintores crean diseños multicolores. Los **murales** hacen que los carros se destaquen aún más.

Tipos de pintura

Los *lowriders* tienen muchos tipos de trabajos de pintura.

láminas de metal

difuminado

líneas finas

CAPÍTULO 4

El futuro de los *lowriders*

Los *lowriders* han cambiado mucho con los años. La tecnología utilizada para levantar los carros ha mejorado. Tambien hay más personas interesadas en los *lowriders*. Actualmente, incluso hay *lowriders* que son exhibidos en los museos.

El paseo continúa

Muchas ciudades tienen clubes de *lowriders*. Existen exhibiciones a través de todos los Estados Unidos. En las exhibiciones los dueños exponen sus carros. Los *lowriders* también se están popularizando en otros países. Estos carros seguirán impresionando a la gente en los años venideros. Ellos siempre serán elegantes y divertidos.

1949–1951

Años de los modelos de trineos de plomo

finales de 1950

Se empiezan a usar sistemas de elevación.

1940

Termina la Segunda Guerra Mundial.

1945

El hombre camina por primera vez en la Luna.

1969

1992

Un *lowrider* se exhibe en el Museo Smithsoniano.

1977

Se publica la revista *Lowrider*.

2000

Se inaugura la exposición de *lowriders* en el Petersen Automotive Museum.

2005

El volcán del Monte Santa Helena hace erupción.

1980

Los terroristas atacan el World Trade Center y el Pentágono.

2001

cromo — metal que se usa para cubrir otros metales y hacerlos brillantes

discriminación — tratar a una persona o grupo de personas de manera diferente a como se trata a otros

hidráulico — sistema que se acciona usando presión o líquido

hot rod — carro que se ha modificado para conducirlo y correrlo a gran velocidad; literalmente, "ruedas calientes"

modificar — hacer cambios

mural — trabajo de pintura generalmente grande que se hace directamente sobre la superficie de una pared o de otro objeto

suspensión — sistema de dispositivos que apoyan la suspension superior de un vehículo sobre los ejes

único — especial o poco común

ÍNDICE